Mom's a Great Cook

母に習えば
ウマウマごはん

小栗左多里《おぐりさおり》

料理・小栗一江《おぐりかずえ》

はじめに

「料理の本を出しませんか？」

この企画をいただいたとき、

「なぜ私が？」と驚くと同時に、「でも、母と一緒なら」とも思いました。

私の母は、料理教室の先生をしていたからです。

思えば、いろいろなものを食べさせてくれました。

今も好奇心旺盛な母は、新しい味を求めていつも創意工夫しています。

この本におけるモットーは「簡単に、身近な材料で、目先を変える」。

料理がまったく初めての人でも簡単にできるものがほとんどです。

まずやってみて、すぐ結果が出せる。

それが料理を続ける楽しさにつながるのではないかな、と考えているからです。

そして、ちょっと変わっているレシピ。

目新しいメニューは、作るのも食べるのも楽しいと思います。

実は私は、ほとんど母に料理を教わってきませんでした。

この本がきっかけにもなり、最近は時々、一緒に料理をします。

そのときに感じたこと、教えてもらったコツなどを漫画で描きました。

一緒に作っているように、楽しんで読んで、

そして実際に試してみていただければいいなと思っています。

この本を読まれる方へ

●材料の分量は、2人分を基準にしています。レシピによって4人分、作りやすい分量、または個数で表示したものもあります。
●材料に出てくる計量単位の大さじ1は15ml、小さじ1は5ml、1カップは200mlです。
●電子レンジの加熱時間は500Wの目安です。600Wの場合は2割減、400Wなら2割増で時間を加減してください。機種によっても加熱時間は多少異なります。

Contents

母という人

その人の名は
一江《かずえ》
独特のルールで生きている
そうかんこ
どうも昔から自分の名前に納得いってないらしく
一江なんて…さみしい名前
ちょっと若い一江
バキッ
「一」より「百」やな!!
今日から私のこと「百江《モモエ》ちゃん」って呼んで!!
ええっ!?
マッシュルームカット

おかーさ…モモエちゃん
しばらくおつきあいしていたが
自然消滅
な
にて
ヒトです
あるとき学校で宿題が出た
自分の名前の由来を聞いてくるようにって
それはねー実りや幸せが多くてー…
もっともらしいことを言っていたが
大人になってから突然
実はリーちゃんが生まれる前の年にある俳優さんの夫婦に娘さんが生まれてね…
私はこう呼ばれていた
その娘さんに「リ」のつく名前をつけて「リーちゃん」って呼んどったんやな
「わー私も呼びたーい」って思ってさぁ
悪びれもせず
適当ですやん!!

またあるとき 台所に 殻つきのピーナッツが 置いてあった
おっ 食べよう かな
あー それ殻 むいたげる わ
向こうの部屋で 待っとりゃー
そうか
パタン
行ったね
ガサゴソ
むいて あるのも 買って あるん やーん!!
ピーナツ
じゃーーーん

チーン
ザラ ザラ
すぐ持ってったらあかんのよね
そろそろかな
〜♪
母よ…
私は母にほとんど怒られたことがないが
お母さん明日は6時に起こして
めざまし こわれた
高校のワタクシ
はい わかったよ
翌朝
がばっ
起きなあかんよー
ええっ
6時半すぎ!!
もーっ
チコクだよー
なんで時間どおりに起こしてくれへんの!?
人にもの頼んで文句言ったらあかん
他人にも甘いが自分にも甘い
「わかった」って言ったら〜契約成立だーっ

そんな母が入院したとき
私…お母さんが早くよくなるように好きなものを断って「願かけ」するわ
知りあいの人がやってた
姉
何断つの？
イカ!!
一番好きなチョコレートは無理だから!!
それから一切イカを食べなくなった姉
イカのどこがそんなに好き…？
その甲斐あってか母はすぐに退院
しかしその後何年もイカ断ちは続いた
今は食べるけどまだなんとなく後ろめたいという
ある日
タオル置き場
ん？
お母さんこれ…
いやーちょっと食べたくてさでもホラ悪いからーそこなら見つからんかなーって思って…
まぁ気持ちはわかるが
さきいか

兄の結婚式では
「どんぐりのへた」状の頭で
親族を驚かせた
いまだに語り草である
式の途中
余興に
笑いすぎて
むせてしまい
ぐっ
会場のとなりの
調理室に
かけこむと
あうんの
呼吸で
水を渡された
という
はい
ごっ
ぐほっ
あれは
事前に
心付け
渡しといた
おかげやな
うんうん
ちがうと思う

そしてできあがった
結婚式の写真を見て
悩んでいた
なんで私ばっかり顔が大きいんやろ…
でも
あるとき
私は
玄関の横にある
部屋で
絵を描いていて
絵の具を
床にこぼしてしまい
水を流して
洗った
外
床はコンクリートだが
水びたしにするようなとこではない
母が帰ってきて
表の部屋
水びたし
やったけど
どうかした？
ドキ
ちょっと絵の具
こぼしちゃった
から…
水で流したの

リーちゃんのすることやから何か理由があるんやろうと思ったよ
そっか
ちょっと照れてしまって何も言わなかったけどうれしかった
そっか
さて今も母はまだまだ元気
1人でいろんなとこへでかけてゆく
TVや雑誌で得た行きたい場所情報満載の手帳
先日ごはんを食べに行ったとき
ガツ
あっ
おでこ強打
かわった作りで
いたたたた
大丈夫!?

この衝撃で脳細胞がますます減ったかもっ
あらーどうしよ…
いやいや
逆にこれで脳が活性化されたかもよ
瞬時に指示出せるようになったりして!!
ポジティヴ・シンキングの人でもある
これはこっち!
あれはあっちって!!
何の指示出してるんだろう

母の
創作料理

母は、いつも好奇心旺盛。
ちょっとした工夫を凝らして、
新しいメニューを考えています。

ヨーグルトみそ漬け

材料・2人分

プレーンヨーグルト…… 1カップ
みそ…… 1カップ
（甘口みそ使用の場合、塩を小さじ2加える）
たら…… 2切
大根…… 5cm（約120g）
にんじん…… ⅓本
きゅうり・セロリ…… 各1本

作り方

1 ボウルにみそを入れ、ヨーグルトを少しずつ加えながら泡立て器を使ってよく混ぜ、蓋つきの容器を2つ用意して分け入れ、ぬか漬けのような漬床を作る。
2 野菜はそれぞれ食べやすい大きさに切り、たらと野菜類を別々の漬床に一日漬け込む。
3 たらは取り出し、ヨーグルトみそを手で少し取り除いてから両面を魚焼き器などでじっくりと焼く。野菜は取り出し、サッと洗ってそのまま漬け物としていただく。

ひとこと

ヨーグルトとみそで、上品な味わいのみそ漬けが簡単に。
素材を小さく切って漬ければ、半日で食べられます。

ヨーグルトみそ漬け
ヨーグルトにみそ…混ぜちゃって大丈夫なんですか？
どんな味？
がっつり混ざってますけど
最近岐阜弁が薄まった母
ヨーグルト
どっちも発酵食品のせいか相性いいのよー
魚はどんなのでもいいの？
白身が一番合うかな
シャケでもいいけどね
ちょっと手間だけどキッチンペーパーやガーゼに包んでおくと…
清潔なもの
取り出すときに手が汚れなくて便利
おハシでできます
野菜はサッと洗ってください

前の日に漬けて一晩おけばバッチリですね
そう保存は必ず冷蔵庫でね
さて
野菜を漬ける場合はどうしても水分が出ます
味が薄くなるのでちょっと塩辛いと思うくらいに塩を足してね
パラ
パラ
3～4回はくりかえし使えます
魚もね
最初に野菜を漬けてその後魚を漬けてもOK
逆はキケンですね!!
ニオイがっ
肝心の味は…
みそ漬けそっくり!!
なんです
みそ漬けよりコゲにくくていいの
実は私はおみそが柔らかければスプーンで混ぜちゃいます…

豚バラのおろし煮

材料・2人分

豚バラ薄切り肉…… 200g
しょうが……¼片分
水菜……½束
おろし大根……½カップ

A
- 酒……大さじ1
- しょうゆ……大さじ1½
- みりん……大さじ1

作り方

1 豚肉は一口大に切り、しょうがは千切り、水菜はざく切りにしておく。
2 テフロン加工のフライパンを熱し、豚肉としょうがを炒め合わせ、Aを加えて煮立てる。
3 さらに水菜(飾り用に葉の部分を取っておく)とおろし大根を加えて軽く混ぜ合わせ、ひと煮立ちしたら火を止める。器に盛り、水菜を飾る。

ひとこと

脂の多い豚バラ肉も、おろし大根や野菜と合わせるとさっぱりします。
焼くときにはテフロン加工のフライパンを使用し、油を使わない方がいいでしょう。

豚バラのおろし煮
これっていつに食べるかわかんないけど準備だけしておきたいとき大根はおろしちゃっておいていいいの？
じょり
じょり
ダメよ！おろし大根は時間がたつと味が変わるからね
だから食べる前におろすのが一番
どうしても無理なら酢を数滴入れておくこと
おろし大根は煮込まない方がおいしいと思うの
だからおろし大根を入れて混ぜてひと煮立ちしたら…
すぐ止める!!
カチッ

これって水菜じゃなくてしそでもいいよね？
うんうん
いろいろやってみると発見があるかも
それが楽しいのね

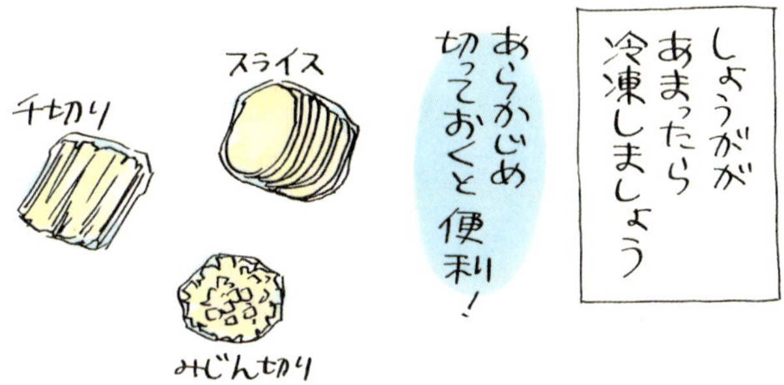
しょうががあまったら冷凍しましょう
あらかじめ切っておくと便利！
スライス
千切り
みじん切り

とけるチーズもパン粉も油揚げも残ったら冷凍できます
油揚げ、私は油抜きしてから
短冊
↑袋として使いたいとき用に半分に切ったもの
ごはんを冷凍するときは熱いうちに蒸気ごと
冷えたごはんを温めるとき日本酒を少したらすとおいしいですよ

ハイカラ焼きうどん

材料・2人分

うどん玉……2玉
キャベツ……2枚
にんじん……½本
ちくわ……½本
豚肉……100g
マヨネーズ……大さじ3
A しょうゆ……大さじ3
　ウスターソース……大さじ1
　酒……大さじ1
塩・こしょう……各少々
紅しょうが・刻みのり・削りかつおぶし……各適宜

作り方

1 うどん玉は袋のまま、2〜3ヵ所に穴を開けて電子レンジで1分ほど加熱してほぐしておく。
2 キャベツは大きめのざく切り、にんじんは千切り、ちくわは縦に細切りにし、豚肉は一口大に切っておく。
3 1と豚肉以外の2をボウルに入れ、マヨネーズを大さじ2入れてよくからめる。
4 熱したフライパンに残りのマヨネーズを入れて、すぐに豚肉を入れてからませる。肉に火が通ったら、3を入れて中火で炒める。Aを加え、塩、こしょうをふって調味する。器に盛り、紅しょうが、刻みのり、かつおぶしを飾る。

ひとこと

ソースだけで作るより、マヨネーズのおかげでまろやかなコクのある味に。
うどん玉も焼きそば玉も電子レンジで加熱するとほぐれやすくなります。

ハイカラ焼きうどん
うーん マヨネーズは コクがでる 隠し味だね
マヨネーズは まんべんなく 混ぜてね
実はこの本を 作るとき…
この 焼き うどんは 食べたこと ないから 作ってね
わかった 材料 買ってくね
当日
ん？
あれ？ これ 焼きそば だけど…
ゆでやきそば
そーなの!!
焼きそば でも できるの？
ううん 焼きそばは フツーの 焼きそば よー

ウフフ…
ただ
焼きそば見たら
そういえば最近
焼きそば
食べてないなー
って思ってねぇ
つい…
「ウフフ」って…
今日は試食…
なんじゃないの？
ねーえ
でもきっと
おいしいよ
単なる
昼ごはんじゃ
ないんだよ
マイペース
母の
おしえ
スープが濃いとき
スープを作って
味が濃く
なりすぎた
けど
でも
これ以上
量を増やしたく
ないから
水を足すのも
イヤ…
そんなときは
バターを1かけ
入れてみてください
なぜか
ちょうど
よくなる!!
まろやかっ

冷やしスープとなすの和風マリネ

● 冷やしスープ

材料・2人分

トマト……1個
（中くらいの大きさのもの）

セロリ……$\frac{1}{3}$本

きゅうり……$\frac{1}{2}$本

玉ねぎ……$\frac{1}{3}$個

にんじん……5cm

水……2カップ

塩……小さじ1

作り方

1 トマトはフォークに刺して火にあぶり、皮がはじけ破れたら水にとって皮をむく。野菜はすべて5～7mmの角切りにする。

2 鍋に水を入れ、にんじんを入れて火を通す。

3 2が煮えたら、トマト、セロリ、玉ねぎを入れて3分ほど煮立てる。さらにきゅうりと塩を入れた後、すぐに火を止め、冷めてから冷蔵庫に入れて一晩寝かす。

● なすの和風マリネ

材料・2人分

なす……2個

A
- しょうゆ……大さじ3
- 酢……大さじ1
- 梅肉（種を除いて叩いたもの）……1個分
- しょうがの絞り汁……1片分

みょうが……2個

大葉……4枚

サラダ油……大さじ2

作り方

1 なすはへたを落として縦半分に切る。熱したフライパンに油をひき、なすの皮を下にして焼く。両面を弱火で焼いて、焼き色がついたらAに漬け、余熱がとれたら冷蔵庫で冷やす。

2 みょうがと大葉は千切りにし、大葉は水にさらして水気をきる。

3 なすを器に盛り、残ったAをかけ、みょうがと大葉を飾る。

ひとこと

野菜本来のうまみがわかる、ヘルシーなスープ。食欲がない日にもピッタリです。
きゅうりは風味を生かすため、必ず火を止める直前に入れてください。

冷やしスープとなすの和風マリネ
私 トマトの皮をむくときは湯むきするんだけど
もちろん それでも いいよ
トマトの湯むきの仕方
1、鍋に湯を沸かす
2、沸騰したらトマトを入れて
3、冷水にとる
皮に少し切れ目を入れておくと早くめくれてきます
私は野菜が細かい方が好きなので5㎜角くらいにしちゃう
P.29の写真は私が作ったスープなので野菜が細かい
煮込みすぎるとにごるからね
スープに透明感があるうちに火を止めるのがポイント
私は少々煮込みすぎたくらいが好き

オリーヴオイルを少したらしても
塩味は最低限にした方が野菜のうまみを感じられますよ
なすの和風マリネは？
どうしときましょ
なすは切ってすぐ焼くなら水に漬けてアク抜きしなくて大丈夫よ
長ければ横にも切って
皮にナナメに切りこみを入れるといいわね
火の通りも味のしみこみも
皮に素早く火を通すと色落ちしないのよ
油を使いたくなければ魚焼き器でも
じゃ〜
電子レンジでもOK
電子レンジの場合は皮をむいて1本ずつラップして
1個につき1分半〜2分くらい加熱
大きさによります
その後水に入れると色がよくなるの
ホント…野菜って美しいね

牛肉のオニオン炒めと野菜のしそドレッシング

牛肉のオニオン炒め

材料・2人分

牛肉…… 200g
玉ねぎ…… 1個
万能ねぎ…… 5〜6本
A
しょうゆ…… 大さじ1
みりん…… 大さじ1
酒…… 大さじ1
塩・こしょう…… 各少々
サラダ油…… 大さじ1
リーフレタス…… 適宜

作り方

1 牛肉は一口大に切って塩、こしょうをふり、玉ねぎはすりおろし、万能ねぎは4〜5cm長さに切っておく。
2 熱したフライパンに油をひき、牛肉をサッと炒める。肉に火が通ったら玉ねぎとAを加えて軽く炒め合わせ、万能ねぎを加えてサッと混ぜて火を止める。
3 器にリーフレタスを敷き、2を盛りつける。

野菜のしそドレッシング

材料・2人分

大根・にんじん…… 各5cm
きゅうり・セロリ…… 各1本
玉ねぎ…… ½個
しそドレッシング…… ½カップ
いりごま白…… 適宜

作り方

1 大根、にんじんは皮をむいて1cm角の適当な長さのスティックに切り、きゅうり、セロリも同じようなスティック状に、玉ねぎは1cm幅の半月状に切っておく。
2 ビニール袋に1を入れ、しそドレッシングを注ぎ入れて袋の中の空気を抜いてよくもみこみ、冷蔵庫で冷やしてから器に盛る。

ひとこと

オニオン炒めは玉ねぎの自然な甘さに、牛肉としょうゆ。ごはんとの相性は抜群です。
野菜は小さめに切ってドレッシングに漬けると、短時間で食べられます。

牛肉のオニオン炒めと野菜のしそドレッシング
玉ねぎのすりおろしがヤマ場ね
頑張って
でもおいしいからもっとすって!
刃が鋭いほど涙は出ないものです
ぐり
ドレッシングはどんなの使ってるの?
オススメはコレ!
青じそ
CO・OP ノンオイルドレッシング 青じそ
あとごま油や豆板醤を入れると中華風になるわよ
豆板醤
玉ねぎかセロリどちらかを入れるのがポイント!
くさみもなくすご〜くおいしくなる〜!
母のおしえ
肉の下味
一般的に肉に下味をつける場合、長時間おくとうまみと水分が流れ出るので10分程度にしておきましょう
袋でつけても便利

エスニック風
創作料理

いろんな味にトライするのも面白い。
和風にアレンジした、
食べやすいエスニック。

魚のキムチ煮

材料・2人分

さば…… 2切(約100g／切)
白菜キムチ…… 100g

A
- 水…… 1カップ
- 砂糖・みそ…… 各大さじ1
- しょうゆ…… 大さじ1½
- みりん・酒…… 各大さじ2
- にんにく…… 1片
- 昆布(5×5cm)…… 1枚

※あれば、キムチの汁を大さじ2入れる。

作り方

1 さばは3等分に、白菜キムチは汁を絞らず、一口大に切る。
2 鍋にキムチ半量を広げて敷き、さばをのせ、その上に残りのキムチをかぶせる。
3 Aを入れ、落としぶたをして中火で約7～8分煮る。さばに火が通ったら火を止め、そのまま少し冷まして味をしみこませる。

ひとこと

キムチと魚は意外とよく合います。キムチは汁ごと煮込みましょう。
白菜キムチがないときは、キムチの素でも作れます。

魚のキムチ煮
これに入れるおみそは麹か赤がオススメ
白じゃないってことですね
魚の煮くずれを防ぐコツは
キムチと魚を入れてから
煮立ったら
種を取った梅干し1〜2個を入れます
梅干しの酸がタンパク質を固めて煮くずれしにくくなるのです
梅干しがないときは火にかけるときに魚を入れて沸騰させると皮がむけにくくなるのよ
何をつくるときでもね
この料理はキムチの味が決め手おいしいものを選んでね！
梅干しも昆布も食べられますよー

ある日、思いたって
包丁を小さいものに
かえてみました

標準
小型

軽くてすごーくラク!!

難点は

細かいのを
包丁にのっけて
お鍋へ…というのが
少量しかのらない

あとたまに
お肉を叩いて
ひき肉にするとき

軽すぎてやりにくい…
トントン

こうすると
おいしい

あと
かぼちゃ
切るとき

でも普段は
とっても使いやすいです
一度お試しください

コーラチキンとにんじんサラダ

● コーラチキン

材料・2人分

鶏手羽元肉…… 300g
コーラ…… 2カップ
しょうゆ…… 大さじ2
しょうが…… 2片
唐辛子…… 1本
サラダ油…… 大さじ1
芽キャベツ…… 適宜

作り方

1 熱したフライパンに油をひいて、鶏肉に焼き色をつける。
2 深鍋に1を並べコーラをヒタヒタになるまで入れ、しょうがの薄切りと唐辛子を加える。
3 中火でアクを取りながら約20分ほど煮て、鶏肉が柔らかくなったら、しょうゆを加える。
4 皿に煮汁ごと盛りつけ、塩ゆで（分量外）した芽キャベツを添える。

● にんじんサラダ

材料・2人分

にんじん…… ½本分
じゃこ…… 20g

A
だし…… ⅓カップ
しょうゆ…… 大さじ1
酢…… 大さじ½
ごま油…… 大さじ½

作り方

1 にんじんは皮をむいて細い千切り（千切りスライサーを使うと早くできる）にして、水にさらしてパリッとさせる。
2 じゃこはキッチンペーパーの上に広げてのせ、電子レンジで50秒ほど加熱してカリッとさせて、合わせたAに入れる。
3 水気をきったにんじんと2を混ぜ合わせて、器に盛る。

ひとこと

コーラを使うと、甘みがあって柔らかい肉料理が簡単に。にんじんサラダに入れるじゃこは、ドレッシングに長時間漬けず、カリッとした食感を楽しみましょう。

コーラチキンとにんじんサラダ
じゅ〜
焼き目をつけるとおいしそうに見えるからね
これ大事
そして煮ているとだんだん煮つまってきて
じゅわ
じゅわ
コゲやすいから油断しちゃダメよ!!
マメに面倒みてね!
ゆっさ
ゆっさ
さてできあがりは
やわらかーい
コーラなんて言われなきゃわかんないね
コーラは「ダイエット用」ではなく普通のコーラを使ってね
ダイエット用の甘味料は火を通さない方がいいと思うわ
このチキンおいしいけど甘いからホドホドにね

にんじんサラダはじゃこをツナに変えてもいい？
もちろん大丈夫
ツナ缶が
ノンオイル＝レシピそのまま
オイル漬け＝ごま油なし
油なしでね
油揚げを千切りにしてカリカリに焼いたものでもＯＫ
にんにくと炒めればおかずに
にんじん
みじん切りにんにく
ごま油
なーんにもないとき助かります
母のおしえ
野菜の保存方法
ほうれん草などの葉もの
ぬらした新聞紙でくるみ
ビニールに入れて冷蔵庫へ
元気に長持ちします
にんじんやれんこん
新聞紙にくるんで冷蔵庫へ
立った状態で畑になるものはなるべく立てて保存するといいです

えびといかのレモンマリネ

材料・2人分

えび…… 8尾
いか…… ½ぱい
白ワイン…… 大さじ3～4
水…… ¼カップ
A
　オリーヴオイル…… 大さじ2
　酢…… 大さじ1
　塩・こしょう…… 各少々
　レモン汁…… 大さじ½
レモン・ディル…… 各適宜

作り方

1 えびは殻をむいて背わたを取り、いかは皮をむいて輪切りにする。
2 白ワインと水を入れた鍋にえびといかを加えて加熱し、蒸し煮にする。
3 蒸し汁に入れたまま2を冷まし、えびといかを取り出してAと合わせ、皮をむいたレモンの輪切りを入れて冷やす。器に盛りつけてディルを飾る。

ひとこと

レモンの風味がきいている、さっぱりとしたマリネ。
えびといかは、ゆですぎると硬くなるので、さっとゆでましょう。

えびといかのレモンマリネ
ちょうどあいてるワインがないときはどうするの?
日本酒は料理用にいつもあるけど
日本酒
酒大さじ2とレモン汁大さじ1/2を電子レンジで2分加熱すれば大丈夫
レシピに水1/4カップってあるけど鍋の大きさにもよるからね
ヒタヒタになるくらいに
いかとえび別々にゆでてもOK
ビン入りのレモン果汁を使う場合はかなり多めに
酸っぱさが柔らかい
レモン
えびの大きさにもよるので塩も調節してね
これホタテでやってもいいよね
ホタテ好き…
あと玉ねぎの薄切りを一緒につけるとさらにおいしくなるわよ

料理の秘密兵器

すりごま

スープでも
炒め物でも
何かひと味
足りないときに。
炒め物が美しく
仕上がらなかったときも
かけると多少
ごまかせます。

ごま油

炒め物のほか
スープの仕上げに
少したらすと
グッとおいしく。

スープは
ほんの少し
カレー粉を
入れても
おいしい

にんにく

入れると
入れないじゃ
大違い!
生は刺激が強いので
たくさん食べるときは
要注意

芯をとると
エグみがなくなります

お酒

数多くの料理に
少し入れると
くさみがとれたり
深みがでます。

私は
「料理酒」ではなく
日本酒の小さい
サイズを利用

にらのユッケ風

材料・2人分

にら……½束

A
- しょうゆ……小さじ1
- ごま油……大さじ1

いりごま白……少々

温泉卵……2個

作り方

1 にらは根元の部分を束にしたまま熱湯でサッとゆで、冷水にとってザルに上げ、軽く絞ってから根元を落とし、3～4cm幅に切る。Aでからめ、器の中央を開けて盛りつける。

2 にらの上に手でつぶしながらごまをふり、開けてある中央に温泉卵を割り入れる。にらと卵を混ぜていただく。

ひとこと

もう一品欲しいときに便利な、簡単にら玉。にらの分量はお好みで。
にらは火の通りが早いので、素早くゆでてください。

にらのユッケ風
にらはずっと謎だったのよ…
な…何が?
ゆでて絞るとなんでスジばっかりなんだろうって…
眉も太い
でもわかったの
ぎゅう
絞りすぎだったのよ!!
にらはザルで
押さえるぐらいで大丈夫
この方が絶対おいしい!!

母のにらのゆで方は
できるだけ端を持って
ギリギリまで
ゆでる
茎のシールついたままでも
後で切り落とす
丸めて絞れば
向きがそろったままです
ちょっと熱いけどね
にらをもやしやほうれん草に変えてもおいしい
春菊もいいですね
たれはAのかわりに焼肉のたれを使うとさらに簡単
私はわりと甘いのが好き
母のおしえ
消費期限と賞味期限
消費期限
「安全に食べられる期限」のこと
5日以内で期限がくるものにつけられます
お弁当や乳製品など
賞味期限
(品質保持期限)
「おいしく食べられる期限」のこと
6日以上持って品質劣化がゆるやかなものにつけられます
缶詰やクッキーなど
どちらも短めに設定してありますが期限を過ぎていたら臭いや味をよく確認してね
開封したら早めに食べきって

麻婆大根

材料・2人分

大根……10cm
豚ひき肉……150g
サラダ油……大さじ2
豆板醤……小さじ2

A
- にんにく（みじん切り）……小さじ1
- しょうが（みじん切り）……小さじ1

B
- 酒……大さじ1
- 鶏ガラスープ……1/4カップ
- しょうゆ……大さじ1
- 塩……少々

水溶き片栗粉
- 片栗粉……大さじ1
- 水……大さじ2

ごま油……大さじ1
万能ねぎ（小口切り）……大さじ2

作り方

1 大根は千切りにする。
2 フライパンを熱して油をひき、Aと豚ひき肉を入れてよく炒め、豆板醤を加えて香りがでてきたら、大根を加えて強火で炒め合わせる。
3 さらにBを加えて大根に火が通ったら、水溶き片栗粉とごま油を回し入れ、皿に盛ってから万能ねぎをちらす。

ひとこと

時間をおくと味がしみておいしいので、お弁当にも向いています。
片栗粉は少量ずつまわし入れ、手早く全体をかき混ぜるとダマになりません。

麻婆大根
これは麻婆豆腐にしてもおいしいですよ
水切りが必要ですね
豆腐の水切りの仕方
1、豆腐をペーパータオルで二重にくるむ
2、電子レンジで2分加熱
さらに
春雨でも
糸こんにゃくでも
ビーフンでも
糸こんにゃく
お肉がなければツナでもいいし
時間がたつと味がしみてまたおいしい
ツナと糸こんにゃくバージョンは和風になってこれもいいです

ウチに帰って
作ろう

トニーが大好きなトマトを中心に。
和洋折衷のトマト料理は
いかがでしょうか。

母と料理と私

自分で料理を作るようになって
思うことは
母はなぜ何品も毎日違うごはんを作れたのか!?
私も夕食はだいたい作るけど
何にしたらいいいんだ…
いつも悩む
サボることもよくある
そして
お豆腐を細長く切って…と

題して「乱れ豆腐」
名前をつけるのに一生けん命だったり適当なことばかりしている
また時々料理の報告をすると
にんじん切ってそのまま出すよ
ええっ
あかん
あかん
ヒトさまにそんなものを!!
いや好きなだけですこの食べ方が
ポリ
ポリ
コップにもさしませんけど
ちなみに
にんじんって生より油で炒めた方が栄養とれるよ
うそっ
栄養のとれる順に
1、油と一緒に
2、ゆでる
3、生
しっ…信じない…
ナマ信奉者

それから思うのは
この前は成功したのに今回は今イチ…
私の料理はムラがあるけど
小さい頃から母の料理は
いつもの味…
すごさに気づいてない
それはキャリアよ
母は新しい料理を仕入れるとそればっかり作ることがあった
ある年の夏休みはおやつが毎日「にんじんゼリー」と「ヨーグルトゼリーオレンジソースがけ」だったし
ステーキ皿を買ったら
10日くらいはすべてこの上で焼かれて出てきた
じゅ〜〜
ウンザリして
またスィートポテト……
文句を言ったことも限りないけど集中して作ることでその料理をモノにしていったのかもしれない
毎日あると……

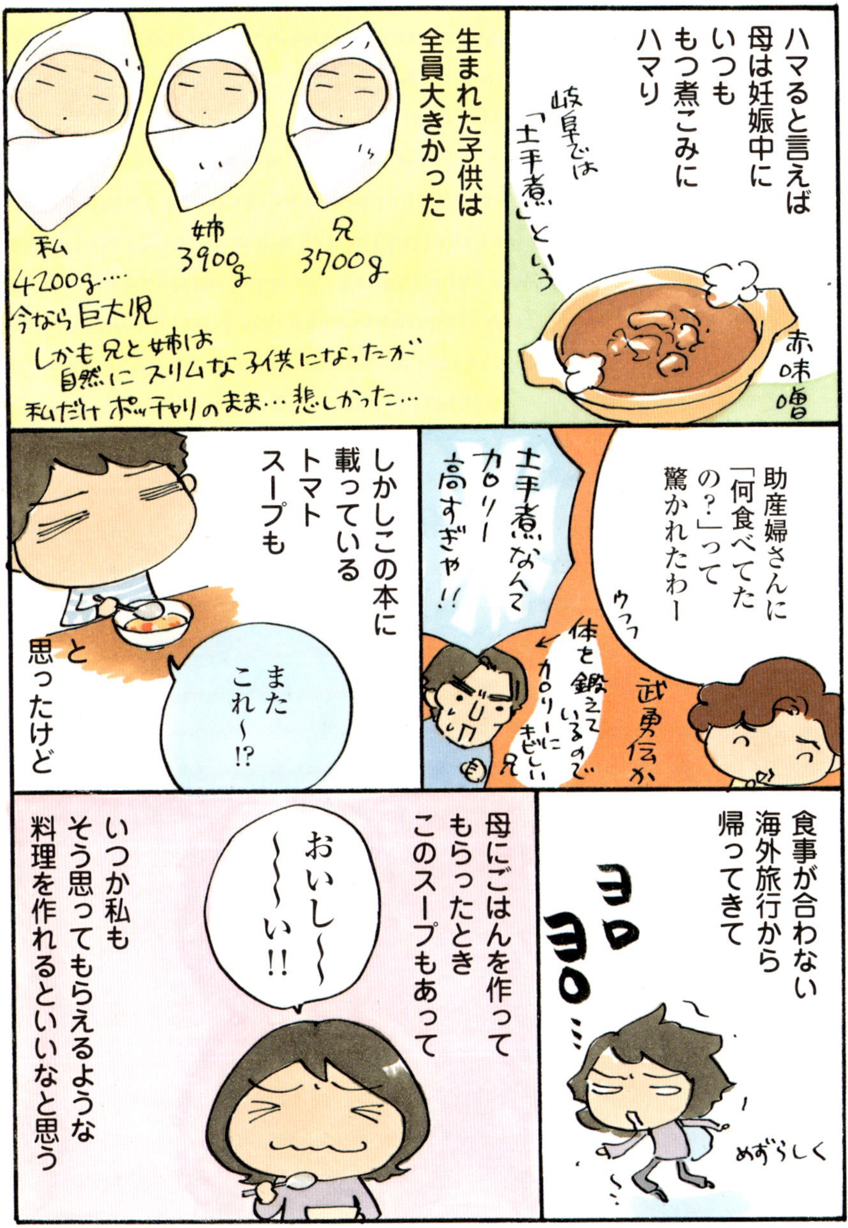
ハマると言えば
母は妊娠中に
いつも
もつ煮こみに
ハマり
岐阜では「土手煮」という
赤味噌
生まれた子供は
全員大きかった
兄
3700g
姉
3900g
私
4200g……
今なら巨大児
しかも兄と姉は
自然にスリムな子供になったが
私だけポッチャリのまま…悲しかった…
助産婦さんに
「何食べてたの？」って
驚かれたわー
ウフフ
武勇伝か
土手煮なんて
カロリー
高すぎゃ!!
体を鍛えているのでカロリーにきびしい兄
しかしこの本に
載っている
トマト
スープも
また
これ～!?
と
思ったけど
食事が合わない
海外旅行から
帰ってきて
ヨロ
ヨロ
めずらしく
母にごはんを作って
もらったとき
このスープもあって
おいし～
～～い!!
いつか私も
そう思ってもらえるような
料理を作れるといいなと思う

油揚げのピッツァ

材料・2人分

油揚げ…… 2枚

A
- トマトケチャップ…… 大さじ2
- トマトジュース…… 大さじ3～4
- カレー粉……少々

とろけるチーズ…… 60g

青ピーマン…… 1個

作り方

1 油揚げは、はしを転がして往復させ開きやすくし、ペーパータオルに包んで電子レンジで1～2分ほど加熱して油抜きする。

2 油揚げの三方を切り開き、オーブントースターで焦がさないように乾燥させる。

3 乾いた油揚げを取り出して、混ぜ合わせたAを塗り、ピーマンの薄い輪切りとチーズをのせて、再びオーブントースターでチーズが溶けるまで焼く。

ひとこと

不思議な食感のピザ。なるべくカリカリにして、早めに食べてください。
トマトソースのほかに、レトルトのカレーもよく合います。

油揚げのピッツァ
う〜む
なぜ転がすの？効果がでてるのかどうかわかんないいんだけど
でるよきっと
次ね端っこ切って
端っこを切る!?
端を切り落としちゃえば簡単だね
切れ端ものせちゃう
なぜ!?なぜ立てて切るの!?
見守れ見守れ自分!!
ぐぐっ
薄く開くなんてムリだ!!
いや端っこ切った後は手で!!
ビローーッて!!

トマトソース作りでは
ここに トマト ジュース 入れ…
あっ
ドボ
ちょっと!! 入れすぎ だよーっ
好きなものは 多めに!!
ぐおー
残った ものは 飲む!!
端っこは 食べる!!という 主義です!!
ピーマンの頭
できあがりは
おっこれは ピザと呼んで いいね!
母の おしえ
宵越しの茶は飲むな
昔から言われているとおり、時間のたったお茶は飲まない方が無難。味も落ちているし酸化したタンニンが胃によくありません
雑菌の危険も

豆腐のラザニア

材料・2人分

木綿豆腐……1丁
なす……2個
トマト……1個
ミートソース缶……1缶(295g)
とろけるチーズ……50g
サラダ油……大さじ2
塩・こしょう……各少々

作り方

1 豆腐はペーパータオルで包み、電子レンジで2分ほど加熱し、8等分に切る。
2 なすはへたを落として1cmの輪切りにし、トマトは5mm幅の輪切りにしておく。
3 フライパンに油を熱し、豆腐となすの両面を軽く焼いて塩、こしょうをふる。
4 グラタン皿に薄くサラダ油(分量外)を塗り、ミートソースを分量の⅓を敷いて、その上に豆腐を並べる。豆腐と上に分量の⅓のミートソースをかけ、さらにその上に豆腐となすを並べて残りのミートソースをかける。
5 表面にチーズをかけ、トマトをのせてオーブントースターで焼き目がつくまで焼く。

ひとこと

パスタの代わりにお豆腐を使うので、カロリーダウンにもなります。
なすはフライパンで焼くときに、7〜8割くらい火を通して。

豆腐のラザニア
はい
まずトマト切ってもらえますか？
真剣なときはこわい顔
じゃく
じゃく
パクッ
ん？
ようかいアンテナ
失敗したトマトは食べる!!
お豆腐をひっくり返すのはむつかしいですよ
うちでは焼くときオリーヴオイルを使います
具材の並べ方は自由
なすは1コでも省いてもピーマンの輪切りでも

ソースも
180gくらいの
ものでも
十分
と思う
野菜だけで
作った
トマトソース
でも
そして
チーズも
好みで…
わさわさわ〜〜
あっ
どっさり!!
ちょっと
トニー
チーズ
かけすぎ
じゃない!?
いくらなんでも
きっ
チーズ
残り少な…
いい?
チーズに
「かけすぎ」って
ことは
ないんだよ!!
あっゴルゴンゾーラはあるけどもさ
うん
おいしいね
でも
「ラザニア」
では…
ないかなー
あっ
元も子も
ない発言!!
いや
おいしいよ
でも
「ラザニア」
では…
エンドレス…

エリンギ丼とトマトスープ

エリンギ丼

材料・2人分

ごはん……茶碗2杯分
エリンギ……1パック

A	麺つゆ（ストレートタイプ※）……大さじ3
	みりん……大さじ1
	酒……大さじ1

刻みのり……少々

※濃縮の場合は麺つゆの濃さに薄めること。メーカーによって味がかなり違うのでお好みのものを使用してください。

作り方

1 エリンギは長さをそろえて縦3mmの厚さに切り、不ぞろいのエリンギは細かく刻む。
2 鍋にAを煮立て、1を3分ほど煮て味をしみさせる。
3 3mm厚さのエリンギを器に上げ、鍋に細かく刻んだエリンギと煮汁を残し、ごはんを加えて混ぜ合わせる。
4 3の混ぜたごはんを丼に盛りつけ、刻みのりをちらした上に3mm厚さのエリンギをのせる。

トマトスープ

材料・2人分

トマト……1個
玉ねぎ……½個
卵……1個
水……2カップ
中華スープの素（顆粒）……大さじ½
塩・こしょう……各適宜

作り方

1 トマトは1cmの角切りにし、玉ねぎはスライスしておく。
2 鍋に水を入れ、トマトと玉ねぎを入れて煮立てる。玉ねぎに火が通ったら、中華スープの素を加える。
3 卵を溶き入れて軽く煮立てて卵がふんわりしたら、塩、こしょうを加えて調味する。

ひとこと

食物繊維やリコピンがたっぷりとれるヘルシーな組み合わせ。
スープは、卵を入れたら煮立たせないでください。

エリンギ丼とトマトスープ
きのこって洗わない方がいいんだよ うまみが外側についてるから
ホント!?
うん
だからペーパータオルをぬらしてふくの
やさしくね
この丼は生しいたけでもしめじでもできます
生しいたけは薄切り
しめじはさいて
エリンギは
上にのせる用に長さをそろえて
細かい方をごはんに混ぜる
しそや温泉卵をのせてもおいしい
あと七味
実はこの丼を作ってもらったとき
あれ？エリンギちょっと少なくない？
そう？このパック多めだから
いいでしょ
しかし
ぐつぐつ
ぐつ

どう見ても2人分くらいなんじゃ…
ぐつ
ぐつ
お母さんあんまりいらないからねぇ
やっぱり少なかったんですね
1パックを3人で分けるとちょっとさみしいです
麺つゆはモノによって味が違うので
甘すぎたらしょうゆを足してください
甘くないのがいい人はみりんを控えめに
スープのトマトは熟れすぎくらいがおいしいの
「ひと山いくら」で安ーく買えちゃうものね
う〜〜
ぐしっ
ぐしっ
まぁでもそうすると1㎝角に切るのが大変だけど
「切った」というよりは「つぶした」に近いんですけど…
最後は「スープだからいいか」と…
大丈夫おいしいよ!!

ほくほくグラタンとブロッコリーグラタン

● ほくほくグラタン

材料・2人分

さつまいも……150g
かぼちゃ……150g
塩・こしょう……各少々
とろけるチーズ……30g

A | クリームコーンスープの素……2袋（19g／袋）
  | 牛乳……大さじ5

作り方

1 さつまいもは洗って皮をむき、水にさらして水気をきり、一口大に切って塩、こしょうをふっておく。かぼちゃは種とわたを取って一口大に切る。
2 耐熱皿にさつまいもとかぼちゃを入れてラップをし、6分ほど電子レンジで加熱して火を通す。
3 2がある程度柔らかくなったら、混ぜ合わせたAをかけ、とろけるチーズをのせ、オーブントースターで焼き色がついたらできあがり。

● ブロッコリーグラタン

材料・2人分

ブロッコリー……½房
じゃがいも……1個
塩……少々
卵……½個

A | ヨーグルト・マヨネーズ・粉チーズ……各大さじ3
  | 塩・コンソメスープの素（顆粒）……各小さじ½
  | こしょう……少々

パン粉……少々

作り方

1 ブロッコリーは小房に分けて塩を加えたたっぷりの熱湯で硬めにゆで、水気をきる。じゃがいもは皮をむいて電子レンジで5分ほど加熱し、一口大に切っておく。
2 ボウルに卵を割りほぐし、Aを合わせて泡立て器などでよく混ぜ合わせてソースを作る。
3 グラタン皿に1を入れて2のソースをかけ、パン粉をふり、オーブントースターで焼き色がつくまで焼く。

ひとこと

ヨーグルト＆マヨネーズが隠し味。さわやかなおいしさです。
ブロッコリーは、硬めにゆでて。じゃがいもは入れなくても大丈夫。

ほくほくグラタンとブロッコリーグラタン
スープの素を溶くのはお湯でも大丈夫
ホントは火にかけるとなめらかになってさらにおいしいけど
ぐりぐり
ぐり
かぼちゃのスープでもOK
私はこっちの方が好き
ポタージュ かぼちゃ
こっちの方もかかるようにのばそ…
ペタペタ
オレのグラタンに手を出すな
えっ
いつもは「ボク」なのに…人が変わった
チャッ
チャッ
「コックの数が多いとスープがまずくなる」ってことわざ知ってる？

知らないけど…意味はわかります
すいませんでした
スプーンおきます…
うんうん
あっ塩・こしょう忘れたっ
今ちょっとだけしよう
あっ 手でパラパラッとやった方がいいよ
……
今の指示は手を出したのと同等と見なす
え〜〜ぇぇ
ぎゃあ
塩かけすぎ!!
ざばっ
卵1個を使ってもできますがソースに火が通りにくいのでトースターで焼く前にレンジで2分くらい温めるといいと思います
やっぱり手でやった方がよかったね…
とれるかな
だろうよ
卵1個の場合「油揚げのピッツァ」のトマトソースをかけてもおいしいよ

重ねキャベツ

材料・2人分

キャベツ……葉部分4枚

A
- 鶏ひき肉……150g
- 玉ねぎのみじん切り……¼個分
- パン粉……大さじ2
- 酒……大さじ1
- 卵……½個
- 塩・こしょう……各少々

水……⅔カップ
コンソメスープの素（固形）……1個
にんじん……3〜5cm（好みで）
片栗粉……大さじ1½
ハーブ……適宜

作り方

1 キャベツは耐熱皿にのせてラップをし、電子レンジで2〜3分ほど加熱する。粗熱がとれたら、両面に薄く大さじ1の片栗粉をふっておく。

2 ボウルにAを入れてよく混ぜ合わせておく。

3 ラップの上に1枚のキャベツを広げ、その上に2の⅓をのせて平らにし、その上にキャベツを重ね、再び2の⅓をのせ、もう一度くりかえす。

4 手のひらで少し押さえてラップで包み、電子レンジで5分ほど加熱し、3〜4cmの大きさに切り器に入れる。

5 鍋に水を入れてコンソメスープの素を加え、1cm角に切ったにんじんを入れて煮る。にんじんに火が通ったら、大さじ1の水（分量外）で片栗粉大さじ½を溶き入れて4にかけ、ハーブを飾る。

鶏肉とキャベツ、コンソメでやさしい味わいに。
電子レンジを使うので、短時間でできあがります。

重ねキャベツ
丸めないからラクだし
ロールキャベツは大きな葉が必要だけど
これなら小さい葉でもつけ足したり小さいサイズで作れますね
キャベツにふるのは小麦粉でもOK
粉をふらないとくっつきません
多めにふっても平気
パンがあれば細かくちぎって
パン粉がなければ省いても
卵がつなぎになるので
卵1/2個の残りはソースの中に入れてもいいわね
先にとろみをつけてから卵を入れます
スープを作ってそれに入れても
キャベツの芯が太ければそぐように切った後みじん切りにして具に入れましょう
母のおしえ
ゴミに水を通さない
野菜くずなどは水を通すほど臭います
いらない紙にまとめておいて捨てるといいですよ

みんなで
パーティー

家族や友人が集まって、にぎやかに。
そんなとき、母から習った
レシピが大活躍。

ケーキ風押し寿司

材料・4人分

ごはん……2合
砂糖……大さじ2

A
- 酢……大さじ3
- 酒……大さじ1
- 昆布（5×5cm）……1枚
- 塩……少々
- 水……340ml

鶏ひき肉……150g

B
- しょうゆ……小さじ1
- 砂糖……大さじ2
- しょうがの絞り汁……½片分
- 塩……少々

C
- 卵……2個
- 塩……少々
- 酒……大さじ1
- 砂糖……大さじ2

サラダ油……少々
絹さや……1パック
塩・酢……各少々
紅しょうが……適宜

作り方

1. 米はといでザルに上げておく。
2. 炊飯器に1とAを入れて硬めに炊き、炊きあがったごはんに砂糖を加え、サッと混ぜ合わせておく。
3. フライパンに油少々を熱し、鶏ひき肉を炒めてBを加えて調味する。ひき肉がパラパラになったら火を止める。
4. Cを混ぜて卵液を作る。フライパンに油少々を熱して薄焼き卵を作り、千切りにして錦糸卵にする。
5. 絹さやは塩ゆでにして、斜め細切りにする。
6. 直径15cmくらいのケーキ型の内側に酢を塗り、錦糸卵を敷きつめて2のごはんの⅓を入れ、表面に絹さやをのせて手で押さえる。
7. 6の上に2のごはんの⅓をのせ、3の鶏ひき肉をのせて残りのごはんをのせ、手で押さえる。さらに上からラップをかけて平均に力を加えて押さえる。
8. ひっくりかえして、型から慎重に外して器に移し、紅しょうがを飾る。

ひとこと

子供にも大人にも大好評、切り分けるのも楽しいカラフルな押し寿司です。
卵は焦げ付きやすいので弱火で焼いて。また、いり卵にすると簡単です。

ケーキ風押し寿司
今回は ごはんを炊くときに Aを入れたけど
普通に 炊きあげてから Aと砂糖を 混ぜてもいいですよ
冷たい ごはんも 電子 レンジで 温めれば 使えます
ごはんに じゃこや ごまを 混ぜても いいし
鶏肉 じゃなくて ツナにすると 簡単
上にのっけるのも ノリでも 甘酢しょうがでも
型は 好きな大きさを 選んで
底が はずせるものが 取り出しやすい
型の内側に 酢を 塗らないと ごはんが くっついて しまいます
ねえねえ
一人分ずつ カップや 紙コップで 作ったら どうかな？

ラップを敷けば
ほかの容器でも
できます
酢は塗った方がいいと思うけど…
そしてギューーーッと押してね!
1人ずつ
お皿やトレイに盛っても
丼でドーム型にするのも楽しそう!
薄焼き卵を作るコツ
白身を切るようによく混ぜる
端におはしを1本通して
手でつまんで素早く
いり卵を作るコツはP87に。
面倒でも一枚ごとに油をひいてね
ペーパータオルなどに含ませて

ウーロン茶豚といろいろディップ

材料・4人分

● ウーロン茶豚

豚肩ロース……500g
ウーロン茶葉……20g
長ねぎ……10cm
カットわかめ（乾燥）……3g
クレソン……適宜
水……4カップ

A
しょうゆ……⅓カップ
酒……大さじ1⅔
みりん……大さじ3

● 中華ディップ

しょうゆ……大さじ3
みりん……大さじ2
酒……大さじ1
砂糖……大さじ½
豆板醤……大さじ½
ごま油……大さじ2

● からしみそディップ

みそ……大さじ3
みりん……大さじ2
酢……大さじ1
砂糖……大さじ1
水……大さじ2
ねりがらし……大さじ½

● ゴマネーズディップ

すりごま白……大さじ4
マヨネーズ……大さじ5
ねりがらし……大さじ½
塩・こしょう……少々

● トマトディップ

トマト……1個（5mmの角切り）
しょうゆ……大さじ1
ごま油……小さじ1
塩・こしょう……少々

作り方

1 豚肉がかぶるくらいの湯を沸かし、濃いめのウーロン茶を作る。
2 鍋にウーロン茶を入れ、そこにタコ糸でしばった豚肉を入れて30分ほどゆでる。中まで火が通ったら取り上げて粗熱をとり、Aと共にビニール袋に入れて一晩寝かせる。
3 豚肉は5mm幅に切って皿に盛りつける。白髪ねぎ（長ねぎを縦に1本切り目を入れて芯を取り、白い部分を広げて縦に千切りにしたもの）と、水で戻したわかめ、クレソンと共に添え、好みのディップをつけていただく。

ひとこと

ウーロン茶の成分でお肉が柔らかくなり、さっぱりといただけます。
ディップも、新しい味を工夫してみてください。

ウーロン茶豚といろいろディップ
ウーロン茶じゃなくて紅茶でも同じようにできあがります
味はほとんどつきません
脂がないとパサパサになります
お肉は多少脂が入った部位がオススメ
これはいろんな料理に使えるね
サラダに
チャーハンに
野菜て炒めて
サンドイッチに
ディップも工夫してみてね

卵の割り方

角で割ると
殻が
入ることが
あるので

平らな
ところで
割り
ましょう

卵を複数
使う場合は
1個ずつ別の容器に
割ってから大きなボウルへ
（複数を同じボウルに割ると
1個ダメだと全部ダメになります）

いり卵のコツ

卵1個につき
小さじ1の酢を
入れると細かくて
色もキレイに
仕上がります

小さなお鍋で
油を使わずに
火は中火から弱火
火を消してからも
よく混ぜてください

ズッキーニのカナッペとセロリボート

材料・作りやすい分量

ズッキーニ（緑・黄色）……各1本

● トッピング（以下、各適量）

辛子明太子・岩のり・もろみみそ

ゆで卵・カマンベールチーズ・スモークサーモン

ケッパー・万能ねぎ・セルフィーユ

セロリ……2本

ピーナッツバター（微糖）……適量

作り方

1 ズッキーニはへたを落として5mm幅の輪切りにする。輪切りにした表面に、食べやすく切ったトッピングの材料をのせていく。

2 セロリは根本を落として溝にピーナッツバターを入れる。

ひとこと

ズッキーニやセロリのシャキシャキした食感と、トッピングの味わいが新鮮。
ズッキーニのカナッペは、なるべく早めにいただきましょう。

ズッキーニのカナッペと
セロリボート
ズッキーニが新鮮じゃないかも？と思ったら水に1時間くらいひたしてみて
切るときはある程度厚みがあるとクタッとしにくいの
で…でも私はそんなに瓜好きでもないから薄めがいいかしら
新鮮だといいですけど
薄いほど早めに食べた方がいいね
セロリにのせるピーナッツバターは少し甘い方が私は好き
ボクは甘くないヤツでいいなー
カケラの入ってるタイプで甘くないものにははちみつをちょっと足してます
意外な組み合わせがおいしかったりするので
いろいろ試してみてね

上手に作るゆで卵

常温に戻しておく
ひび割れを防ぎます
お湯に酢を少々
卵がひび割れても白身が飛び出しません
入れてから沸騰して2〜3分までやさしく転がす
黄身が真ん中にきます

沸騰してから

5〜6分	半熟
8分	8分ゆで
10分	標準のゆで卵
12分	固ゆで（スライスに向いてます）

水から卵を入れた方が割れにくいですよ

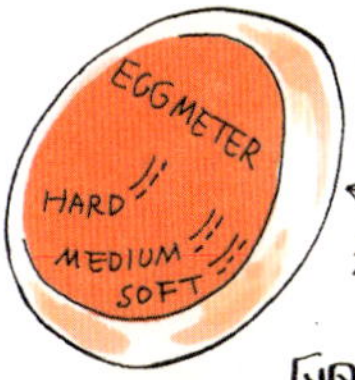
EGGMETER
HARD
MEDIUM
SOFT

私が愛用しているエッグメーター
卵と一緒に入れてゆでると
フチから黒くなってきて
中の様子がわかります！

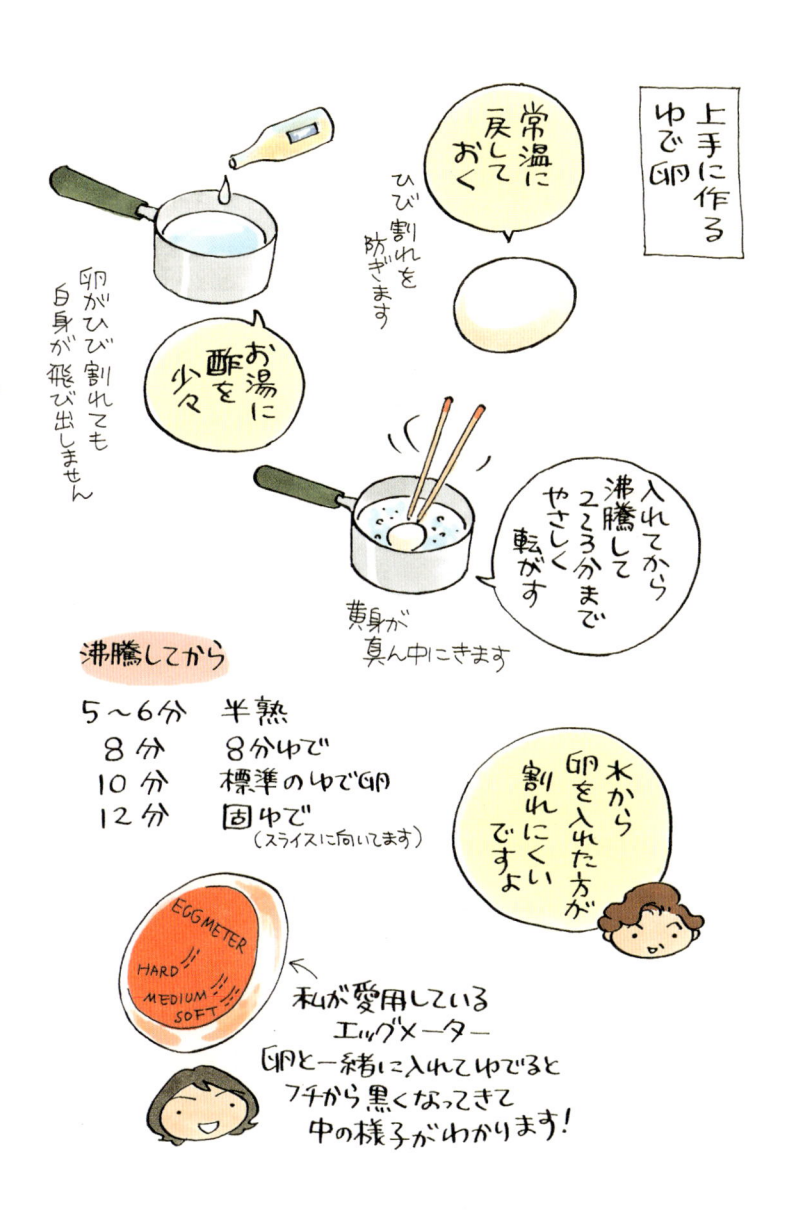

カルピス＆マシュマロラスク

材料・各8個分

バゲット（1cm幅に切ったもの）…… 8切
食パン（サンドイッチ用）…… 2枚
マシュマロ …… 8個
バター・カルピス・いちごジャム …… 各少々

作り方

1 バゲットにバターを塗り、1個を半分に切ったマシュマロの切り口を下にして置き、オーブントースターできつね色になるまで焼く。

2 食パンは耳を切り落とし1枚を4等分する。それぞれにバターを塗ってオーブントースターで焼き、カルピスの原液を塗り、ジャムを飾る。

ひとこと

カルピスの甘酸っぱさと、とろけるマシュマロがおいしいラスク。
マシュマロは焦げ付きやすいので、よく見ていてください。

カルピス&マシュマロラスク
レーズン
チョコ
穀物
シナモン
黒パン
使うパンは何でもアリです
型で抜いてもいいし
カルピスラスクはバター多めの方が私は好き
太るよ
私は食パンの耳はそのまま派
普段はジャムもなし
パーティーとか飾りたいときだけね
マシュマロは焦げ付きやすいので
薄い焼き色がついてきたら電源を切って余熱で焼くといいですよ
パンは薄めがオススメ
よく見てね

マシュマロがあまったら

1. マシュマロと缶詰のフルーツを同じくらいの大きさに切る

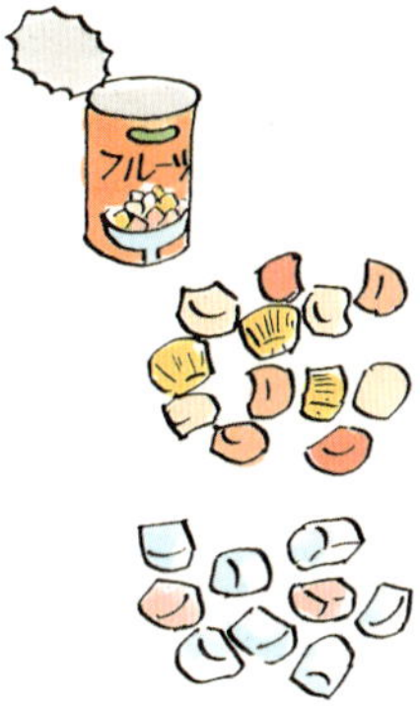
フルーツ

2. 缶詰に残ったシロップにマシュマロを30分つける

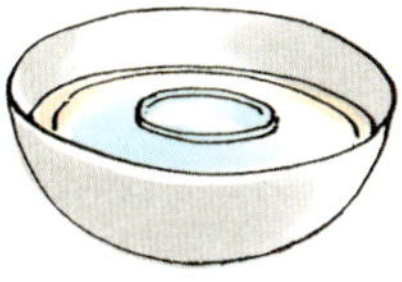

浮いてこないようにお皿などをのせるといいです

3. フルーツとマシュマロを合わせる

好みでヨーグルトを

ヨーグルトをかけると甘すぎないのよ

ほたてのピカタ トマトソース添え

材料・2人分

ほたて貝柱……8個
小麦粉……大さじ1
卵……1個

A
- 小麦粉……大さじ1
- 粉チーズ……大さじ1
- おろしにんじん……大さじ1
- 塩・こしょう……各少々

B
- トマトケチャップ……大さじ2
- トマトジュース……大さじ3〜4
- カレー粉……少々

サラダ油……大さじ2
セルフィーユ……適宜

作り方

1 ほたてに小麦粉を薄くつける。
2 ボウルにAの材料を混ぜ合わせ、溶いた卵を少しずつ注ぎ入れて混ぜる。Aと卵が十分に混ぜ合った卵液にほたてをくぐらせる。
3 フライパンに油を熱して、中火で2を焼く。焼き色がついたら裏返して弱火で中まで火を通し、一度取り上げて再び卵液をつけて焼く。卵液がなくなるまでこれをくりかえす。
4 焼きあがったほたてに混ぜ合わせたBのソースをつけ、セルフィーユの葉先を飾る。

ひとこと

ほたての甘さがトマトソースの酸味とよく合います。
ほたてを焼くときは最初は中火で、裏返したら弱火にして火を通してください。

ほたてのピカタトマトソース添え
卵とAの中にドライバジルや青いねぎの小口切りを入れてもいいです
ねぎはできるだけ細かく
ないとくっつきにくい
小麦
小麦粉はノリの役目なんだね
豚肉で作ればごはんに合うおかずに
お肉はある程度厚みのあるもので
でもフツーは素材に塩・こしょうするじゃない？Aに塩・こしょうを入れるのは何かワケがあるの？
ほたてでもお肉でも
それは…
忘れやすいからよ!!
どっちでもいいのよ！

クイック
おやつ

甘いものにも目がない母。
簡単に作って、
気軽に楽しんでいます。

ヨーグルトと甘酒のラッシー&ソルベ

材料・2人分

ヨーグルト・甘酒……各1カップ
レモンの輪切り……2切
エディブルフラワー……適宜
ブルーベリー……適宜
ラズベリー……適宜

作り方

1 ヨーグルトと甘酒を混ぜ合わせてそのまま冷やしてラッシーを作り、レモンとエディブルフラワーを飾る。
2 ラッシーを冷凍庫で冷やし固め、2回ほど出してその都度よくかき混ぜる。器に盛り、表面にブルーベリーとラズベリーをのせるとソルベの完成。

甘酒にヨーグルトを入れると、すっきりと飲みやすくなります。
ソルベにするときは、かき混ぜないと固まるので忘れずに。

ジンジャーティー

材料・2人分

しょうが湯…… 2袋（19g ／袋）
紅茶ティーバッグ…… 2袋
湯……2カップ
牛乳……½カップ

作り方

1 鍋で湯を沸かし、ティーバッグで紅茶を作る。
2 器にしょうが湯を1袋ずつ入れ、1の紅茶を注いで溶かし、温めた牛乳を加えて混ぜる。

POINT

ちょっとスパイシーで、とても温まります。風邪や疲れたときにも。
ひと手間かけて牛乳も温めた方が、おいしさがアップします。

簡単ベイクドアップル

材料・2人分

りんご……1個
グラニュー糖……大さじ1
レモン汁・バター……各少々

作り方

1　りんごは芯を取り、5mmの厚さにスライスする。
2　アルミホイルにバターを薄く塗り、1を1枚ずつずらして並べる。表面にグラニュー糖とレモン汁をふり、オーブントースターで色よく焼きあげる。

ひとこと

甘みの増す焼きりんごを、オーブントースターで手軽に。
生だと少し味の落ちるりんごでも、おいしく食べられます。

トマト&にんじんハニー

材料・2人分

プチトマト赤・黄……各4個
にんじん（細めのもの）……½本
はちみつ……大さじ4
レモン汁……少々
フレッシュミント……適宜

作り方

1 プチトマトは皮を湯むきする。にんじんは5mm幅に切り、煮て火を通す。
2 容器に1をそれぞれ入れてはちみつをかけ、冷蔵庫で冷やす。器に入れ、仕上げにレモン汁をかけ、ミントを飾る。

ひとこと

はちみつで、トマトとにんじんがデザートに早変わり。さわやかな味わいです。
トマトは皮がついているとはちみつがなじまないので、必ず湯むきを。

クイックおやつ
ベイクドアップルは何かに添えてもいいですよ
ヨーグルトをかけて
豚肉料理のつけ合わせに
電子レンジで20秒くらい
それからレモンは切り口を温めるとよく絞れます
私はブラウンシュガーをかけようかな
それは冷え性の対策にもいいね
そうなの？
体を冷やすものっていろいろあるけど…
冷えるものの基本は
「精製した砂糖を使ってあるもの」
「暖かい地方や季節に採れるもの」

ブラウンシュガーっていっても「三温糖」は精製したものよ
白砂糖とほとんど一緒
三温糖
黒砂糖やはちみつの方が冷えないんだね

体を冷やすもの

夏野菜全般
なす
きゅうり
トマト
スイカ
豆腐
緑茶・コーヒー
みかん・バナナ・柿
海藻
かに・あさり

体を温めるもの

根菜全般
大根
れんこん
かぼちゃ
みそ
紅茶
くり・くるみ
さくらんぼ
しょうが・にんにく
えび
牛肉・鶏肉

このほか、どちらでもない「中間」のものもあります

夏は体を冷やすために食べるのもいいけど
冬は冷えるものは日中に食べるといいんじゃないかな
りんごは北の果物で冷えないけど
冷え症の人は気をつけるといいかも

トマト&にんじんハニーは
プチトマトの湯むき…やや時間かかりますが
プチはお鍋に全部入れちゃう
これも時間かかるけど
にんじんも面取りすると口当たりがいいわよ
面取りとは
角をけずる感じで
取った角っこは野菜炒めやスープなどに利用してね
はちみつが少ない場合は時々かけたり混ぜたりして面倒みてください
3〜4時間漬けるとできあがりです
さわやかおやつ…
甘い…トマト…
↑受けとめきれてない

おわりに

ごはん。
好きな人と一緒なら、もちろんうれしい。
一人で好きに食べるのも、また楽しい。
料理がおいしければ、なおのこと。
食べるって、本当に力になることだと思います。
自分のために、誰かのために、料理を作る。
この本が、少しでも
そのお手伝いになりますように。
そして食卓に笑顔があるよう、
願いをこめて。

小栗左多里

小栗左多里　おぐりさおり

岐阜県生まれ。95年、集英社 月刊少女漫画誌『コーラス』にて、『空に真赤なモノレール』でデビュー。著書に『ダーリンは外国人①〜②』『ダーリンの頭ン中』『カナヤコ』(メディアファクトリー)『英語ができない私をせめないで!』(大和書房)、『精神道入門』(幻冬舎)『おねがい神様』『この愛のはてに』『まじょてん①〜②』(ヤングユーコミックスコーラスシリーズ)などがある。
URL　http://ogurisaori.com/

STAFF

料理	小栗一江
撮影	山家学(un photo)
撮影アシスタント	平松唯加子(un photo)
アートディレクション・デザイン	五味朋代(アチワデザイン室)
スタイリング	檀野真理子
スタイリングアシスタント	井上聡子
企画・編集	大嶋峰子(MEGIN) 阿部友良(MEGIN)
プロデュース	伊藤剛(ソニー・マガジンズ)

協力　トニー・ラズロ

母《はは》に習《なら》えばウマウマごはん

2005年6月20日　初版第1刷発行
2005年7月　7日　　　　第3刷発行

著　者　小栗左多里《おぐりさおり》
発行人　三浦圭一
発行所　株式会社ソニー・マガジンズ
〒102-8679
東京都千代田区五番町5-1
電話　03-3234-5811(営業)
03-3234-7375(お客様相談係)
03-3234-5122(編集)

印刷所　図書印刷株式会社

ISBN4-7897-2549-9
Printed in Japan